La luna de Alí

Texto
MIDO BRANCA

Illustraciones
ISABELLA MISSO

SAN PABLO

Es de noche.
Las dunas del desierto están iluminadas por una inmensa luna llena que surge en el horizonte. Alí sale de su pequeña casa inquieto por aquella deslumbrante luz y la mira sorprendido.
—¡Qué luna tan grande! –exclama.

Alí está un poco asustado, pero con su fiel camello reúne el valor para acercarse. La luz es cada vez más intensa y se esconden detrás de las palmeras.

¡La luna está allí, ante ellos,
luminosa como nunca!
De repente...
—¡Tengo una idea! –exclama Alí,
y vuelve a entrar corriendo en su casa.

Poco después sale llevando consigo un farol, una bolsa, dos palos de madera, una tela gruesa y algunas cuerdas. Prepara una vela y la coloca sobre el lomo del sorprendido pero dócil camello.

—¡Ahora ya está todo preparado! –dice satisfecho.
Una leyenda cuenta que a los camellos se les
llama «los barcos del desierto» y, de este modo,
un viento favorable comienza a hinchar la vela.

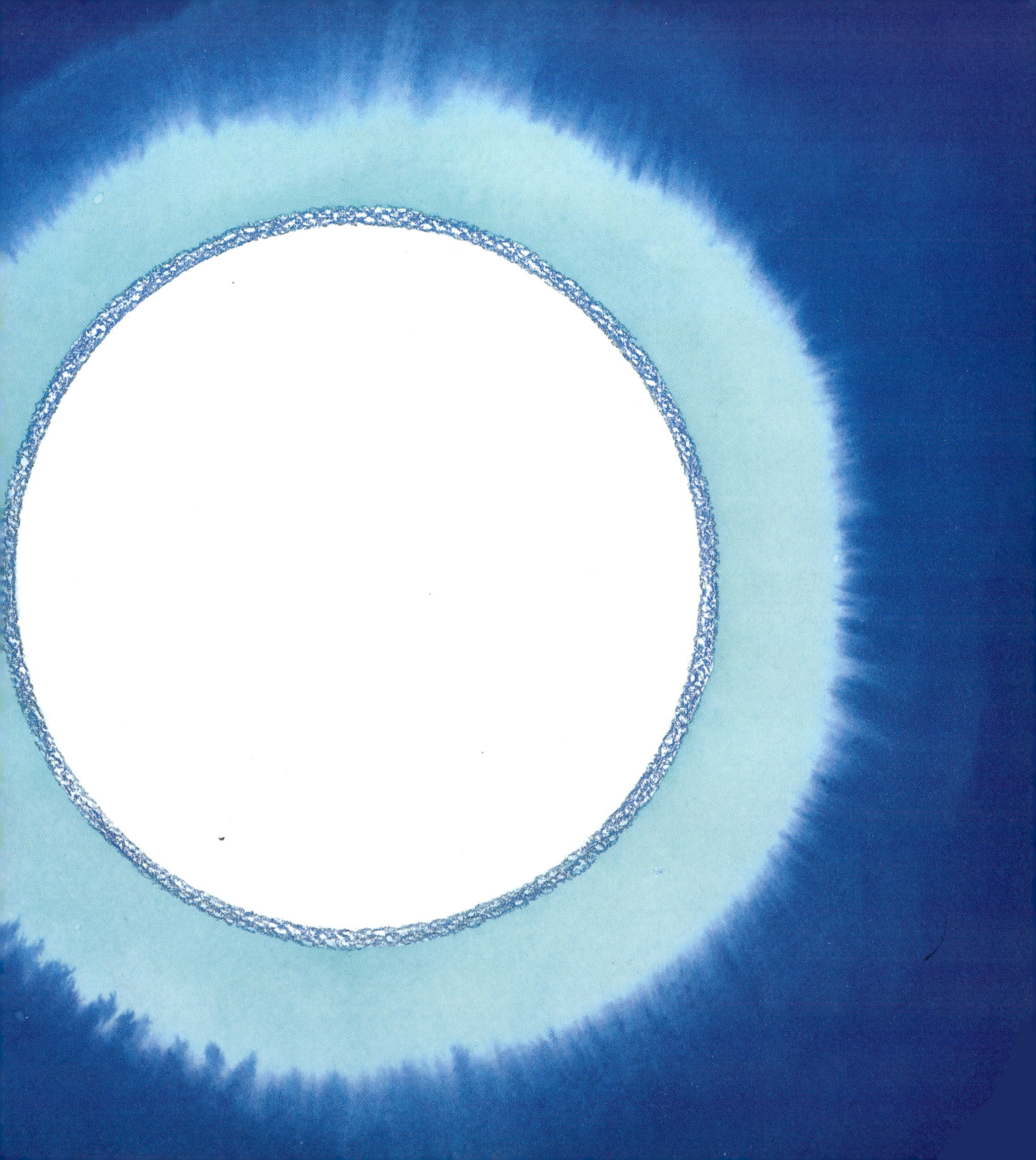

—¡He llegado! –dice Alí tirando
el ancla. Recoge la vela y, con la bolsa
a la espalda, desciende hasta
aquella gran luna.

De la bolsa saca un martillo y un cincel. Con firmes golpes empieza a esculpir la luna tal como él la soñaba, mientras miles de pedacitos vuelan por el cielo.

Terminado el trabajo,
vuelve a la tierra.
—¡Esta es la luna que yo soñaba!
–exclama, contemplándola satisfecho.

Los pedacitos luminosos se han convertido en millones de estrellas.

¡Ahora la noche es verdaderamente mágica!

Alí vuelve contento a su casa
y una medialuna,
en un cielo cubierto de estrellas,
le acompaña.

© SAN PABLO 2006 (Protasio Gómez, 11-15. 28027 Madrid)
Tel. 917 425 113 - Fax 917 425 723
E-mail: secretaria.edit@sanpablo.es
© Edizioni Larus S.p.A. 2004, Bergamo

Título original: La luna di Alí
Traducido por José María Fernández
Adaptado por Dulce Toledo y Sara Loro

Distribución: SAN PABLO. División Comercial
Resina 1. 28021 Madrid * Tel. 917 987 375 - Fax 915 052 050
E-mail: ventas@sanpablo.es
ISBN: 84-285-2955-8
Printed in Italy. Impreso en Italia